JN378075

그 순간

그 순간

성명진 시집

문학들

시인의 말

1.
어느 날 바보라는 말을 들었습니다.
그런데 참 묘한 일입니다.
몰래 즐거웠어요.
그런가 하면 왠지 모를
안도감이 조금 생기기도 하는 것이었지요.

2.
이 시집을 누구에겐가 바치자 하니
그가 선뜻 받아 줄 것 같지 않습니다.
그래서 저는
이 시집을 손에 들고 한동안
어쩌지 못하고 있을 것 같습니다.

2014년 여름
성명진

차례

5   시인의 말

제1부

13   손
14   밥상 다리
15   목련꽃
16   그 순간
17   염소
18   점 하나
20   봄눈
21   두엄
22   밥그릇을 씻으며
23   알
24   미망

제2부

29　　내가 있었던 자리들
30　　길수의 용달차를 타고
32　　나뭇가지 하나
33　　미황사 아래
34　　꽃과 열매
35　　사과 씨
36　　가을의 언저리
38　　어느 골짜기에서
40　　무등산
41　　상강

제3부

45　　국숫집
46　　질경이
47　　다친 새끼발톱
48　　어느 늦은 날
49　　다정
50　　겹겹
51　　귓속말로 옮기고 싶습니다
52　　고깃덩이 책
54　　잘 먹은 밥
55　　밭 일구는 여자
56　　뻥튀기

제4부

61 공
62 구시포
64 우리 동네
65 무화과꽃
66 자작극
68 희희낙락
70 공부
71 사과 씨들
72 해 질 녘
73 영미네 빵집

제5부

77   임종

78   모르는 무엇

79   뻘

80   오층탑

81   돼지꼬리

82   빵집을 들러 오며

83   눈송이

84   부처님 오신 날 특집

86   보성강

88   소와 사람

89   **해설 우주적 어미 아비들을 위한 戱詩** _ 정경운

제1부

손

내 손아귀 바라본다

한 끼 분의 쌀을 풀 만큼이다

부끄러움에 얼굴을 감쌀 만큼이다

심장을 받쳐 들 만큼이다

가만히 합장하여 본다

오 평생 비어 있기를······.

밥상 다리

발톱을 내밀고
확 일어나 뒤집어 버리고 싶은데
밥상 다리들은 그러지 않는다

상에 워낙 조촐한 밥이 차려지는 데다
착한 이가 그 밥을 먹기에
그대로 순종하는 것이다

목련꽃

복지관 앞
앙상한 그,
무얼 얻으려 서 있나 했는데
아니었어요

오히려
환한 밥덩이 몇을
가만히 내놓는 것이었어요

그 순간

뱀이 숟가락 모양의 대가리로
새 새끼를 무는 그 순간

어디서는 아이가 기다랗게 똥을 누었는데
똥이 부처님 모양으로 앉아 있었다 또 어디서는

콩벌레가 콩처럼 숨어 큰 짐승이 지나길 기다리고 있었다
한 어미 개가 새끼를 나면서 죽어 가고도 있었다

하늘이 잠시 잠깐 퍽 환한 빛을 드리웠는데
아무도 알지 못했다
다만 삶에 애쓸 뿐 알 것 없었다

염소

살면서 염소 한 마리를 이끌고 왔다
염소는 자주 버티었다
내가 염소를 따라 걷기도 했다

처음엔 큰 황소였던 것 같기도 하다
우람한 몸에 무엇보다 걸음걸이가 의젓했다
그러나 어느 모퉁이에서부턴가
형편없는 것이 되어 있었다
허름한 수염을 달았는데
발에서는 길바닥을 짚는 희미한 소리가 났다

자주 뿔을 세우지만
꼬리를 떨곤 하는 염소 한 마리랑
나는 지금도 걷고 있다
길 양쪽을 나눠 걸을 때
둘은 햇살을 향해 나란하다

점 하나

점점 커지면서
환해지면서 다가오고 있는
저 점 하나

그일지도 모르는 모습으로
정말로 그인 것 같은 모습으로 오고 있다
벌써 그 숨결이 내게 닿는 듯하다

뛰어서 마중을 나가야 한다
부서지도록 얼싸안아야 하지만
나는 돌연히 고개를 숙여 버린다

혹 그가 아닐 때
그 낙망을 어떻게 견뎌야 하는지
그러고 하더라도 기다림이 없어지고 나면
무슨 힘으로 살아야 하는지 알지 못한다
나는 그예 길 밖으로 몸을 돌려 버린다

등 뒤로 따스히 지나는 한 사람

그가 멀어져 점이 되었을 즈음
가만히 돌아서서 바라본다
그제야 껴안아 보는 먼 점 하나

나의 기다림은 계속된다

봄눈

눈송이들이
땅에 내려앉으려다가
멈칫,
멈칫거린다

벌써 냉이 몇이
여린 목 들고 나와 살고 있다

두엄

죽은 잎들, 짚들
똥오줌 범벅되어 푹 썩었다
쇠스랑으로 찍어 내면
뭉게뭉게 오르는 열기, 퍼지는 냄새
지난 추운 날에도 삶은
이 더러움 속에서 따뜻하였다
삶은 다들 침 뱉은 이 속에서 배불렀다
아무도 몰랐던 썩음의 비밀, 희망
가만 보면 두엄 속에선
사라져 간 좋은 사람들이 썩고 있고
고난에 바쳤던 눈물과 땀이 썩고 있다
한 짐 지고 일어서니
등에 장군 태운 듯 든든하구나
들로 가자
이 생생한 힘을 기다리고 있을 흙
흙에 안겨 시퍼렇게 살고 싶을
깊이 웅크려 있는 씨앗들
꿈틀꿈틀거릴 작은 뿌리들이여
이제 뿌리들에게로 가자

밥그릇을 씻으며

한 끼 분인
밥그릇 속이 깊다

밥 한 그릇이면
슬픔을 면하고
죄 짓는 일을 피할 수도 있겠지
요만한 깊이라면
발을 헛디뎌 넘어질 만한
함정이 될 수도 있겠다

나는 힘들게 살아가는 자라
밥그릇 속에 주먹을 넣어 본다
아니다
손을 펴 밥그릇을 씻어준다

톡,
두드려 주기도 한다

알

어느 시골집 가서 보았다
한 노인이 닭을 잡아 속을 가르자
거기 있던
환하고 환한 것

그날부터 그렇다
살아 있는 어떤 것들에게선
불빛이 비치는 거다

미망

푹석 꺼진 그 집은 깊이 수그린 자세였다
뜰 앞 백목련 한 그루가 환했다
가지마다 작은 촛불들이 켜져 있었다

그 집에 며칠 전엔 야윈 쥐가
일가를 데리고 살러 왔다
마당에 돋은 풀들이 지붕에도 돋아났고
천천히 두꺼비가 들어오기도 했다

기척 없더니
오후에야 할매가 방문을 열었다
헛간 쪽에, 텃밭에,
또 사립 밖에도 여리나 여린 눈길을 주더니
문을 닫았다

밤이 이슥해져 목련 꽃잎이 져 내렸다
밤을 도와 마구 흘러내리는 그 촛농
영영 깜깜해지기 전

방문이 간신히 한 번 더 열렸다

한참이나 닫히지 않았다
이승의 끝자리에서 할매는
그리움만은 어쩌지 못하는지

제2부

내가 있었던 자리들

물총샌지가 부산히 총총거리면서
내 시선과 걸음을 기어이 다른 곳으로 이끌었다
내가 있었던 자리에 새알들 태어나 있었음을
그 후 어쩌다 알았다

죽치고 서 있다가
무심코 침을 뱉은 으슥한 골목 안
그 깊은 데선 연인들이 껴안고 있다가 황급히 나갔다

먼지덩인가 해서 손가락으로 생각 없이 눌렀는데
손끝에 진한 물기가 묻는 일도 얼마 전에 있었다

나는 여기저기에 있었다
아무렇게나 함부로 있었다
그런데 그 자리는 늘 찡한 자리였다

길수의 용달차를 타고

길 밖의 것들에게
굵은 팔뚝을 흔들어 주는 길수의 웃음이
무척이나 시원하다
이삿짐센터 직원 길수의 말로는
바닥에서 바닥으로 다니다 보면
어디든 모르는 누군가가 살고 있는 것 같단다
맨 나중까지 남아 있고
짐보다 먼저 새 주소에 가 있는 이가 있단다
나는 그이가 생활일 거라는 생각을 한다
어디서든 소탈하게 잘 사는 얼굴
쓰러져서도 꿈꾸는 얼굴
안 보이게 반짝이는 그이가 느껴진다
낡은 용달차를 몰고
숨은 길들을 찾아 애써 살아가면서도
길수가 웃음 환히 날릴 수 있는 건
눈에 뵈는 생활의 즐거운 얼굴 때문이 아닐까
길수랑 함께 흔들거리면서
세상에서 세상으로 가면서

내 마음 왜 이리 선선해지는지
눈앞에 몰랐던 길이 열리고 있다

나뭇가지 하나

풋감들이 굵어지자
가지가 아래로 처졌다
새끼를 품은 짐승의 휜 등 같았다
잎들 무성해지면서
그 힘겨운 등은 좀 가려졌어도
무거워하는 자세는 별 수 없었다
가을에 감들을 따 주었을 때
홀쭉해져 공중으로 좀 올랐지만
그래도 휜 건 여전했다
아직도 뭔가가 무거운 것인지
정말로 어미가 된 것인지

미황사 아래

기우뚱한 산길들이
산에 든 사람들을 절 마당으로 모으니
사람들은 대웅전 앞에도 서 보고
탑 앞에도 서 보나 잠시일 뿐

산 아래 어느 집으로 몰려가네
그 집은 밥집,
밥집이네

오 따스한 도로아미타불

꽃과 열매

땅속엔
기쁨들이 많아요

우리가 땅을 파 보면
아무것도 없지만

나무들은 기쁨들을 찾아
우리에게 건네죠

사과 씨

사과 씨 속에 들어 있는 건
사과나무의 기우뚱한 자세

그 고달픈 자세만으로도
한 생이 되지 않을는지

손에 받아 든 씨가 무겁다

가을의 언저리

아무 데고 간다고 갔는데
지금처럼 무화과밭 언저리였던 적이 있다

한길에서 굽은 사잇길로 들자
좀 홀가분해진다
나는 진작부터
울어야 한다는 걸 알고 있다

가난하고 반항적이었으며
그러고도 헐했던 삶의 굽이를 지나
어느 길 끝에 덩어리져 있는 나,
스스로에게라도 이해 받고 있는지 모르겠다

내가 지금 나를 위할 수 있는 일이란
울어 주는 것
옷섶을 풀어 몸에 볕을 수북이 들이고
가만히 울음덩이가 되는 것

그러면 어느 모퉁이에서
뒤늦게 나를 안는 꽃

어느 골짜기에서

잔돌을 집어 들어
해마다 모르는 세상 다녀오는
풀들 속으로 던진다

한마디도 말해 주지 않는 풀들
거짓말이라도 들었으면
떠나간 이들 편안하다는

잔돌들 만지작거리다가
무심결에 그만
몇 개를 쌓아 올리고 말았다

그 자그맣게 탑이 된 것을
냉큼 건드려 허물지 않고
훌훌 떠나지도 않고
나는 지금 무얼하는가

못난이 탑 앞에서

슬프고 쓸쓸한 것들 쪽으로
기울어진 채 서 있으니

무등산

내 살을 후벼 누가 길을 낸 자리는 쓰렸다
밭을 일군 자리는 차라리 시원했다
집을 지은 낮은 자락은 무거웠다

몸을 한 번 틀어 편히 눕고자 했으나
그러지 못하였다
골짜기 한 곳에 세상에 내보인 적 없는
돌부처 하나가 있었기 때문이다

삶이 참혹하여 별안간
나 스스로 무너져 버릴까 두려워
그를 안고 견뎠다

상강

 고향 집, 써늘한 단풍 숲이 울을 치고 장독 몇이 없는 걸 채우고 있는 어느 언저리에서 아버지는 몇 날 며칠 감을 깎고 계셨다 옷에 든 감물이 핏자국이 틀림없다고 생각에 힘을 주다가 나는 감의 벌건 살덩이 앞에서 시린 눈을 감았다
 여그에 쌀쌀맞은 것들이 달게 스미는 거여 아버지 말씀이 가슴을 쳤다 그러면 나는 아니에요 이건 상처잖아요 속말로 맞섰고, 요 속에서 세상이 바뀌는 거여 아버지 말씀이 또 가슴을 치고
 하기야 세상이 늦게라도 우리 삶 속에서 달게 바뀌어야 마땅했다 나는 믿음마저도 가난한 아버지 옆에 간신히 서 있다가 그예 숨은 길을 밟고 떠나와 버렸다
 세상에 맞설 때마다 죄가 묻는 젊음이었다 삶이 다르게 익어 가는 줄 모르고 나는 자주 급하게 울었다 그러다가 어느 쪽잠에선가 내 슬픔이 아버지의 칼에 껍질이 깎이고 꼬챙이에 꿰어지는 꿈을 꾸기도 했다

제3부

국숫집

그 국숫집에선
김이 푸지게도 난다

누가 누구에게
국물을 부어 줄 때
더 난다

면발이 뻐근한 몸을 푸는
그 국물에서 오르는 김은

애쓴 뒤
젓가락을 든 이의
얼굴을 어루만진다

질경이

 풀들도 길을 떠나는군요 마을 앞 길섶에 나란히 줄지어 서서 어디로들 가고 있을까요
 풀들이 올핸 강을 건넜어요 늦은 가을이면 한 발 앞에 씨앗을 던져 놓고 몸뚱이를 거두어 돌아간 뒤 언 땅속을 걸어 다음 해 그 자리에 싹 틔우고 또 한 발 앞에 씨앗을 던져 다다음 해엔 그 너머 자리에 싹 틔우고, 이렇게 한 해에 한 발이라도 내딛으며 강을 건너고 산을 넘는 것 아니겠습니까 이 줄이 길어 갈수록 제 그리움은 마냥 짙어집니다
 바람도 알지 못하고 눈발도 보지 못하는 이들의 조용한 숨소리 발소리. 오늘의 자리를 떠나 이 질긴 대열이 찾아가는 곳은 어디일까요 작은 것들이 모가지 휘청거리며 나아가는 모습이 눈 시리게 고운 때문일까요 그래요 내내 버려둔 제 속엔 지금 꿈틀꿈틀 꿈이 일고 있어요
 이 풀들의 모가지 위에 가만가만 꽃잎으로 피어나고 싶어요 희디흰 꽃잎이 되어 죽음까지도 넘을 씨앗들을 이뤄 놓고 싶습니다 휘청일 때마다 춤도 추고요

다친 새끼발톱

주저앉아 아픈 자리 바라본다
가슴을 기울인다

낮은 끝자리에 누가 꿇어앉아 있다
참 작은 사람,
그가 지금 아프다

아니다 그는 안 아프고
언저리가 아프다
그의 슬픔이
그의 희망이
그의 노래가 아프다

그를 한 번 더 찬찬히 바라본다

나인가

어느 늦은 날

감을 잡아당긴다
가지가 팽팽해지며 놓지 않으려고 버틴다
이윽고 줄기까지 팽팽해진다

감나무는 생 전체를 다 모아
제 열매를 지키려 한다

두려워할 일일지도 모른다
감나무에 물 한 바가지 부어 준 일 없는
나 같은 자는

다정

문이 열려 있었는지 부엌 안으로
박새 하나가 부리나케 들어왔다
다음 날에 또 들어와 숨을 할딱였다

할매는 눈길도 주지 않고
한 입 소리도 내지 않고
저번 때처럼 부러 문을 열어 둔 채 부엌을 나갔다

가난한 부엌 살림살이가 밖에 비쳐나는 동안
낮 끼니가 가만히 들고 났다

그날 오후 늦은 녘에 새는 또 왔다
짐짓 모르는 척해 주는 할매가 미더워
그 슬하에 참아 왔던 알을 낳았다

겹겹

병실에서 어린 것이 앓다가 겨우 잠들었다
어미는 그래도 그 곁 떠나지 않고
어린 것의 숨을 지키는 바깥이 되어 주었다

어린 것의 오빠는 병원 밖에 나와
벽을 짚고 허물어질 듯 서 있었다 그러더니
이윽고 벽을 힘껏 밀어 반듯이 섰다

그 시각 맨 바깥엔 아비가 있었다
아비는 야간 근무를 하다가 잠시 일을 놓고
하늘을 향해 순한 눈을 끔벅였다

겹들 사이사이 별빛들이 밤새도록 글썽였다

귓속말로 옮기고 싶습니다
– 어느 가난한 이의 죽음

웃음이 아직 많이 남았습니다
이름은 빛내지도 못했습니다

욕망도 고스란히 남았습니다
힘을 누구에게도 부리지 않았습니다

그의 그런 삶에 오늘
죽음이 고요히 이어졌습니다

그가 살며 쓴 것을 모두 더하여
이파리 하나가 날렸습니다

고깃덩이 책

책을 낸다면 얼마간 지난 후에
그걸 고기처럼 칼로 썰어 먹고 싶다

글이 쓰인 살코기 부위는 팍팍하니
비곗살 여백이 많은 책을 내는 게 좋겠다
별미로
목차에 없는 몇 페이지를 끼워 넣어도 좋겠다

살덩이는 묵살일지 모른다
무시당하거나 거절당해 온 일들이
살로 찌는 것일지 모른다

고기는 몇 겹으로 잘 정돈된 듯하지만
그건 난잡한 일상을 간신히 숨긴 것
드러나면 상당히 민망한
싱겁기 그지없는 자작극

평생 한 권이면 족할 이 고깃덩이는

거들떠보는 이 없을 테니 내가 먹어 치울 수밖에
묵혀 삼삼하게 맛이 들면
기어이 칼로 썰어 먹겠다

잘 먹은 밥

밥 먹다가
문득 보았습니다
한쪽에서 냄비 뚜껑이
나를 바라봐 주고 있었습니다

가시나 껍질,
흘린 밥알을 받아 주고도 있었습니다

뒤늦게나마
내게 그런 사람이 있음을 떠올렸으니
내가 그의
그런 사람이 되어야겠다고 마음먹었으니

오늘의 밥 한 끼는
참됩니다

밭 일구는 여자

어느 씨는
밭으로 돌아와 주지요

그 집 식구들 배를 불려 놓고는
알몸의 아이가 되어 돌아오지요
다시 태어나러 오지요

그런 날은
지리멸렬한 들길이
새파랗게 물들지요

그런 날은
헐벗고 작은 내 사내 앞에서
마냥 설레지요
나는 고생을 모르는
아씨가 되지요

삶, 시면서 달지요

뻥튀기

거짓말을 해 주죠
그러면 모자라거나 눌린 데가
동그랗게 일어나죠
입안이 따스히 마르며 뱃속이 한결 환해지죠

크게는 아니더라도
자그맣게는 있어 주어야 할
경이가 이렇게나마 있는 거죠

늙은 어머니가 해 주는 거짓말을
신도 엿듣는지 어머니는 쉬,
하고 우리들을 더 조용히 시킨 다음
매우 다정한 표정으로 얘기를 이어가죠
신이 우리 집에서 그만 시간을 놓아 버려선지
오후가 여느 날보다 길어지죠

활짝 부푼 그 밥이랑
바삭거리는 소리를 내며 장난을 치면

어느 결에 끼니를 넘어가 있기도 하죠

어머니의 심심한 얘기 또 듣는 얘기
그렇지만 이런 끼니들 사이에서
우리는 몰래 자라는 거죠

제4부

공

정직하게 튀고 구르는 줄 알았는데
이 둥그런 게 아무래도 수상쩍은
오늘의 농구 경기

어느 샌지 나는 성공해 감독이 된
선배의 팀에서 선수로 뛰고 있다 그런데 갑자기
공은 튀어 오르지 않고 날아가지도 않고
공은 구르지도 않고

상대방의 현란한 드리블과 패스에 속수무책
나는 덩크슛까지 당하고 만다

상대방의 손에서 싱싱하게 바운드되면서
공이 공공연하게 보여주는 체제의 얼굴
내 생활을 페인팅하는 해괴한 희망
속 빈 것

작전 타임 때 선배의 강력한 주문
— 바보야 반칙을 쓰란 말야

구시포

그 밤 나를 밀어내는 힘에 깨어 보면
바다가 가득히 몰려와 있었다
애써 잠들었지만 이윽고 가차 없는 손찌검에
또 깨어야 했다

이튿날도 바다는 나를 가만두지 않았다
나는 마구 팽개쳐지는 기분에서 깨어났고
멀미가 나기도 했다

사흘째 날에는 잠이 끝 모르게 왔다
나는 한없이 잠을 잤고 잠 속에서 또 잤다
그러다가 어느 깊고 깊은 곳에 다다랐다

어느 순간엔가 마른 줄 알았던 내 속에서
기어이 물줄기가 줄줄 흘러나왔다
오랜만에 푹 울었다

사흘을 묵고 떠나왔다

언젠가 이 바닷가로
아예 살러 올 것 같은 생각이 들어
나는 짧게 웃었다

우리 동네

웬 덩굴 하나가 어딘가에 가닿으려다가
그만 황급히 새끼들을 낳고 마는 것이었는데
더 어쩌지 못하고 그냥 사는 곳이 여기다

그런데 다음 해에 또 살러 오는 곳이 여기다
넘치지 않게 햇빛에 이슬이 글썽이는 곳이다

무화과꽃

숨어 다닌다 향기랑 색깔 들키지 않게
숨소리 발소리 죽여 우리는
슬픔 되게 우북한 마음들을 질러
꾀죄죄한 살림터를 달린다
언제까지 피어나는 일은 불온할 터인가
길목마다 지켜선 세상 것들을 따돌리자니
가끔은 목숨 버거워져
비밀한 뜻 떨쳐 버리고 밖으로 피어나
고움이나 뽐내다가 스러지고 싶어라
하지만 매양 그리움을 부추기는
삶 성히 가꾸어 둔 자리들이 풍기는 풋내
우리 사랑은 금방 씩씩해진다
아무렴 아직 이 변방에
어느 향기와 색깔이 배부름만 하랴
휘청이는 가지 끝 추웠던 자리마다
몰래 살림 해 놓고 기진한 몸 돌려 바라보면
저 뒤 저 아래서 허둥대는
세상!

자작극

내 삶이 불행한 드라마 속에 들어 있는 듯하다
돌연 정겨운 동료가 사고로 드라마에서 빠지더니
사랑하는 사람마저도 해외 이민으로 빠져
난 주눅 든 채 혼자 남았다

대출금 상환을 몇 차례 독촉 받고서도
난 멀쩡한 척 표정연기를 해야 한다
새롭게 투입된 동료와는 충돌하기 일쑤
제작진은 나를 하차시키지 않는다

나는 점점 비극적인 주인공이 되어
클라이맥스로 몰리는 것 같다
나를 좇는 카메라
더 나쁘게 수정되는 대본

이번 회는 슬픈 소식을 접하고
사색이 되는 얼굴이 클로즈업되면서 일단 끝나지만
내 드라마,

리얼한 스토리와 극적 전개로 주목 받는다

드라마 게시판에 누가
〈아싸조쿠나〉라는 닉네임으로
자꾸 악성댓글을 올린다

희희낙락

그 무렵
선방도 아니고 그 건넌방도 아닌
산 밑 마을 어느 집에
어쩌다 머물고 있었는데요

나는 부리나케 집 밖으로 나가곤 했지요
꽃이 피고 있었거든요

어떤 젊은 나무는 꽃을 잔뜩 달았으니
힘차 보였고
늙은 나무는 두어 송이만 달았으니
이를 데 없이 개결했지요

먼 데 와서도 가만있지 못한다고
누가 눈치를 주었어요

아니 대체 어찌라고요
떠도는 이 생애를 다하여

꽃 한 잎만 피워 내도 원 없을 놈인데
이런 때 안에 박혀 있으라니요

공부

빛 환하게 든 날
참새들이 하늘에 땅에
자기들을 뿌리며 논다

그러다가
무서운 만암 스님이 잠시 비운
무우전 마루에
똥 찍찍 싸 놓는다

동자 스님 달려가고
새들 도망치는 사이
어느 무심결에
금강경 한 장 넘겨지리

사과 씨들

툭하면 넘어져 굴러선
가운데로 몰리죠 머잖아 태어나게 될 우리들은
가난하고 쬐그만 장난꾸러기 아이들이죠
그렇지만 총명해요
삶에 대해 쥐눈처럼 두려워하다가도
부러 삶을 외면한 채 떠들며 놀죠
그제쯤도 오늘로 살고
글피쯤도 오늘로 살고
하루를 동그랗게 키워 재밌게 놀면 그러지 않겠어요?
삶이 무상한 척 못하지 않겠어요?
우리들의 깊은 방에 어느 신이 와서
삶에 대해 엄하게 일러 주는 동안에도
듣는 척만 하고 몰래 장난을 치죠
철모르는 것들이 되어 쉬 설레고
열심히 먹고 자고 노는 거죠
그래야 이윽고 만나게 될 삶이
괜히 심각한 척 못하지 않겠어요?

해 질 녘

언덕 위로 노인이 올라왔다
노인은 염소 목에 매인 줄을 잡았으나
웬일로 그대로 주저앉더니
집으로 갈 기미를 보이지 않았다
워낙 웅숭깊어 뜸부기 울음인가 했는데
다시 들으니 술 한 잔 한 노인이
응얼거림 소리를 내는 것이었다
오늘은 웬 그리움이 성화를 부리는지
그 소리가 퍽이나 서글펐다
아무래도 염소 제가 줄을 당겨
노인을 집으로 이끌어야 할 판이었다
그래도 당장은 말고
응얼거림 다하기를 기다렸다가

영미네 빵집

우리 동네에선 누구보다
영미 아빠가 나서야 해요
놀라운 반죽덩어리가 있잖아요
얼마나 생생하게 부푸는지
우리들의 맥없는 드라마가
클라이맥스를 향해 일어나지요
그렇지만 하나도 모질지 않아요
부드럽고 따스해요
충실해요
그게 기술이라면 기술일 테지만
그보다는 환한 희망 아닐까요?
영미 아빠가 애써
우리들의 굳은 슬픔 덩어리에
재미난 이야기를 해 주는 거예요
정말이지 영미 아빠가
우리들의 대표로 나서야 해요
희망찬 삶 아저씨가 말이에요

제5부

임종

병실에 누운 아비가
마지막인 듯 가망 없는 눈을 떴다

가만히 아들의 손을 잡았다
아들에게 건너갈 것은 다 건너갔는데
선한 눈매며 못난 웃음이며
가난까지도 벌써 다 건너갔는데
또 무엇이 남은 것인지

그냥 말없는 것
서글픔도 근심도 아닌 것
다만 온화한 무언가가 그렇게
손에서 손으로 한참을 건넜다

밤이 아주 이슥해져서야 다 건넜다

모르는 무엇

점점 그리움들 듬성해지고
시선들 멀어지고

그러나 끼니들은 가까이 붙는다

식사 후 과일을 깎는데
기우뚱거리는 건 둘러앉은 우리들

중심 쪽
새콤한, 생생한 그곳으로
모르는 무엇이 몰래 향해 갔음을
멈칫한 뒤 알아챈다

풀어온 길 껍질 뚝 끊고 찾아내는
긴 잠든 벌레 하나

몰래 용서하는
그의 결례

뻘

어느 날은 여자의 뒤를 바닷물이 따라온다
바닷물은 남정네같이 힘 있다
여자 뒤에 나는 길은
조개가 걸은 자국같이 가느다랗지만
여자는 바닷물을 먼 데서 끌고 와 덮고
밤을 보낸다
그러나 다음 날이면 여자는 화를 내면서
바닷물을 내쫓는다
그러다가 문득 터무니없게도
목덜미에 뻘 흙 같은 게 묻은 걸 알고는
아연 낯을 붉힌다
조개처럼 가만히 자리를 좀 옮겨 서서는
몰래 숨결을 불어 부풀려 보는
거품 동그라미 하나
그 후부터 한참 동안 머무는 그리움

오층탑

먹는 일
잠자는 일
흐느끼는 일
다투는 일
견디는 일

그 층층 사이사이에
잠깐씩 드는
참회

돼지꼬리

이 펜은 두꺼운 비곗살로 된
노트 위에 꽂혀 있었다

오늘 신이 비곗살 노트에다
이 펜까지 덤으로 주는 세일을 했는데
내가 덥석 사 온 것

돼지는 펜을 놀려 책을 이루지 않고
다만 빈 노트를 이루었다
나는 그의 빈 일생을 아직 읽어 낼 수 없다

아무런 글자가 없는 비곗살은
창백하지 않다
삶의 핏자국이 깊게 배어 있다

돼지 꼬리는 펜이 아닌
짧은 창인지도 모른다
치열하게 삶의 리얼한 똥구멍을 지키느라
그만 휘어져 버린 건지도 모른다

빵집을 들러 오며

이 동네에 나에 대한 기사가 났다
빵집에 들러 집에 오는데
몇몇이 모여 서서 내 뒤에 악성댓글을 단다
나는 가볍게 빵을 흔든다
빵은 사실 어느 만큼은 뻥인데
이 뻥이 삶을 따스하게 가꿔 주고 있다
나는 이 도시에서 행복해졌을까
그러지 못했다 그렇다면 불행해졌을까
천만에 나는 단지 부풀었을 뿐이다
나는 〈은둔자〉라는 닉네임으로 살며
스스로를 눌린 데 없이 둥그렇게 일으켜 왔다
나는 물렁하고 축축한 서민에서
일약 시민으로 부풀어 올랐다
정기적으로 꼭 하는 일 하나
모자를 눌러쓰고 무통 클리닉에 다녀오는 일
그런데 결국 내 삶이 누군가에게 들켜 버린 것
이제 다른 데로 숨어야겠다는 생각을 하며
골목길을 들어서는데 웬 강아지까지 짖어대며
질기게 댓글을 단다

눈송이

저 청년을 뒤따라가 봐
밤길 가장자리에서
그를 기다리는 누가 있어
늙은 여인이 있어

청년을 맞이하는 그 여인에게
가만히 다가가 봐
아직은 내려앉지 마
따스한 물방울과 고요를 안은 채
조금만 기다려 줘

밥과 국을 끓여 청년 방에 넣고
마당에 나와 설 때
그때 눈을 적셔서 울게 해 줘
몰래 다 적셔서 깊이 울게 해 줘

이제 울어야 해
울지 않으면 무너져
저 어머니는

부처님 오신 날 특집

기도하는데 눈 뜨고 싶어 미치겠다
자꾸만 옆구리가 가렵다
독송하는 경은 이미 놓치고 입만 달싹

아까 절 들어오는데
날 데리고 세상에서 온 길이
절에서 마중 나온 길에게 날 넘겨주며
뭐라고 쑥덕거린 소리 그거였겠지
한심한 녀석이라는 둥

나는 몰래 눈 뜨고 본다
저쪽, 손가락만한 새가
빨간 구기자 열매를 따 물고 노는 뜰에
지금 햇살이 있고 기쁨이 있다

가려운 옆구리를 긁적이며
슬쩍 하품도 하고는
뜰을 힐끔거리며 헤실헤실 웃어 본다

이 웃음 부처님께 들켜도 어쩔 수 없다

즐거운 해찰
해탈 아닌 해찰을 하러 나는 오늘 절에 왔다
내 수행은 계속 도로아미타불

보성강

숨소리 서러운, 울고 있는 강
큰 강을 만나러 내가
큰 일을 만나러 밟아 올라갔던 강

이 강에 서면 그렇구나
삶의 당당한 싸움을 못 이기고
친구들 형제들 둔 채 스스로 부서져 도망 와 서면
마구 헝클린 속으로 물 한 굽이 흘러드누나

물방울 하나 일어나 다른 물방울을 쳐
물결을 일으키면
그 물결 일어나 다른 물결을 밀고
밀린 물결은 또 다른 물결을 밀어 그렇게
물 한 방울도 배반 없이 모두 일어나
강을 움직여 나아가누나
쉼 없이 서로의 몸을 비비며 넉넉해지는
이 힘이 지금 나를 적시누나

가만히 보면
마을과 마을을 이어 놓고 있는 강
사람과 사람을 이어 놓고 있는 강
모르는 사이 누구에겐가 내가 전해 받는 강
지평 너머 누구에겐가 내가 전해 주는 강

천리를 도망해도 나를 보듬고 있는
이 크나큰 사랑
어느새 나를 돌려 사람 속에 서게 하는
어머니

소와 사람

소와 사람이 함께 간다

소가 앞장서 사람을 끌기도 하고
어느 만큼에서는 사람이 소를 끌기도 한다
그러다가 옆으로 나란히 서서 걷기도 한다

좋은 건
그렇게 집으로 가고 있다는 것

사람이나 짐승이나 한 집으로 가며
번갈아 길을 잃어도 괜찮다는 것

| 해설 |

우주적 어미 아비들을 위한 獻詩

정경운 전남대학교 문화전문대학원 교수

1

 열아홉. 딱히 소년이라 할 수는 없지만 청년이라는 이름을 붙이기에도 머쓱한, 뼈도 덜 여문 나이. 그 어설픈 나이에 '문청'이란 더 어설픈 꼬리표를 달고 국문과에 입문한 지 딱 30년이다. 30년이라는 시간 동안 얼마나 많은 일들이 있었으랴. 그럼에도 기억이란 놈은 원체 강력한 경험에 매달리는 습성이 있어, 열아홉에 시작된 대학 시절의 기억은 생생하다 못해 지금도 현재처럼 우리들을 그 시간 안에 잡아 두고 있는 것 같다. 이것이 생경한 첫경험의 힘인지, 1980년대라는 특수한 시대적 경험의 문제인지는 아직도 잘 모르겠다. 그럼에도 불구하고 1980년대, 그것도 광주의 1980년대라는 것이 어디 심상하게 여길 시대였던가.

 1984년 3월, 대학이랍시고 들어선 학교 안은 말도 아니었다. 학원자율화조치로 학내에서 경찰이 물러나간 뒤, 본격적인 학원민주화 투쟁이 꿈틀거리기 시작했던 시기였다. 하루가 멀다 하고 이어지는 시위에 학내엔 늘 최루탄 가스가 난무했고, 수업 또한 개점휴업 상태이기 일쑤였다. 애초에 입맛 밥맛 다 떨어진 난, 학교를 작파하다시피 하고 그냥 온전히 1년을 놀았다.

 하릴없이 시간을 죽이며 놀다가 2학년이 되어서야 제정신이 돌아올 무렵, 하필 만난 것이 '비나리'였다. 그해 총학생회가 부활하고 학과 중심의 학회체제가 정비되면서 몇몇 동아리들이 학회 차원에서 조직되었는데, 비나리도 그중 하나였던 것이다. 시를 쓰는 인간들이 모인다는 소식을 풍문으로 듣고, 노인네 마실가듯 할랑거리며 들어선 순간, '아차' 싶었다. 이미 학내외에 시인으로 이름을 날리던 대선배들을 포함해, 고등학교 문예반 시절부터 잔뼈가 굵은 선배들과 동기들의 내

공은, 나 같은 무명소졸無名小卒이 가진 초식으로는 감히 범접할 수 없는 어떤 경지였다. 사실 베고 찌르기도 습득 못한 내 초식을 들키지 않으려면 그때 과감히 발을 뺐어야 옳았다. 아니, 검풍에 장풍까지 일으키는 이들의 현란한 무공에 입만 떡 벌린 채 빠져든 것이 잘못이었다. 벌린 입 밖으로 흘러내린 침을 닦는 순간, 내 문학적 교양은 물론이거니와 볼품없는 작시 능력의 정체까지 까발려졌다는 것을 알아챌 수 있었다.

시라는 것 좀 써 보겠다며 달려들었다가 폼도 잡기 전에 만신창이가 돼 버린 내게 더 이상 남아 있을 것 같지도 않은 자존감을 바닥까지 확 긁어놓은 동기 녀석이 있었으니, 바로 명진이다. 녀석은 우선 외모부터 내 기를 죽였다. 도대체 여대생이라는 수식어가 민망할 만큼 떡 벌어진 어깨와 건장한 체격에 거무튀튀한 피부색을 가진 나로서는, 희멀건한 피부에 평생을 시 나부랭이나 만지는 것 말고는 해먹을 것이 없을 듯한 선병질적인 얼굴을 한 녀석이 맘에 들 리가 없었다. 게다가 시골태생인 주제에 온몸에서 풍겨나는 도시적 시크함이라니! 정작 도시태생인 나도 못 갖고 있는 것을 녀석에게서 발견할 때 그 억울함이란.

하지만 그 억울함의 정체가 사실 명진이 가진 시적

능력에 대한 질투였다는 것을 그때나 지금이나 잘 알고 있다. 이성부, 조태일, 박봉우 등 쟁쟁한 시인들을 배출해낸 광주고 문예반에서 갈고 닦은 실력에 계림동 헌책방거리를 돌아다니며 쌓은 문학적 내공은 그대로 비나리 시평 시간에 증명이 되고도 남음이었다. 월요일 저녁 7시에 어김없이 시작되는 시평 시간은, 후배들에게 말 그대로 '죽음의 라운드'였다. 제물로 바쳐진 한 편의 시는 그야말로 선배들의 검에 무참히 난자당한 채 내려와야만 했던 시간이었다. 때문에 나 같은 잔챙이 초짜들은 오돌오돌 떨며 선배들의 십자포화를 머리 위로 받아내면서 죄인처럼 고개를 수그리고 있는 것이 마땅한 모양새였다. 그런데 녀석의 반응만큼은 간간이 나를 기함하게 만들었으니, 시크하다 못해 초건방진 표정이 그것이었다. 선배들의 지적질이 계속될수록 우리들의 고개가 땅으로 꺼지는 반면, 녀석은 조용히 듣고 있다가도 픽 웃어넘기는 표정을 짓기 일쑤였다. '뭐 이런 걸 가지고 다…'라는 식이었다. 역시 센 자식! 무거운 분위기를 심상한 웃음으로 날려 버릴 수 있는 그 녀석의 여유로움이 부럽기도 얄밉기도 했지만, 한편으론 선배들의 잘난 콧잔등이 와장창 깨지는 것 같아 고소하기도 했다.

아무래도 그 여유로움이 녀석의 힘인 듯싶다. 하 수상한 시절에 짓눌린 동기들 대부분이 시를 포기하곤 생활 속으로 곤두박질친 반면, 녀석만큼은 30년째 시와 씨름하고 있는 걸 보면 말이다. 우리들의 책꽂이에서 시집들이 사라져 가는 속도만큼 마음에서도 시가 멀어져 간 그 시간 동안, 녀석은 한 발짝도 움직이지도 않았던 모양이다. 이렇듯 시집 한 권, 턱 하니 눈앞에 내놓곤 또 픽 웃고 만다.

얼떨결에 녀석의 시집을 받아 놓고 보니 황망한 마음 감출 길이 없다. 까마득히 잊어버리고 있던 열아홉. 이제는 그 시간조차 더듬는 것이 부끄러워진 나이에, '아나 받아라. 니들 열아홉!' 마음을 가르듯 던져진, 녀석의 일갈 같은 시집. 우리들 열아홉 기억 같은 이 시집에, 그리고 그 순정한 정신으로 앞에 선 시인에게, 나는 어떤 헌사를 준비해야 할까.

2

   흙에 떨어진 콩알에서
   나오는 것 둘

햇살 쪽으로
푸릇하게 커 오르는 건
자식이고요,

스스로 컴컴한 흙 속 깊이 들어가는 건
아버지이지요.

― 「싹과 뿌리」 전문

  몇 년 전, 한 아동문학 계간지에 실린 시 한 편. 그때는 그러려니 넘겼다. 성명진이라는 이름 때문에, 한 번 더 눈길을 주었을 뿐, 좀 더 찬찬히 읽었을 뿐이었다. 그것이 내게 낯익은 이름에 대한 예의의 전부였다. 그런데 막상 이번 시집을 받아 들고 보니, 정신이 번쩍 났다. 어리석게도 난 「싹과 뿌리」를 읽으면서, 학부 시절에 시인이 썼던 시들의 기억에 사로잡혀 있었다. 그래서 이 시 속의 '아버지' 또한 자식을 위해 기꺼이 남루해질 준비가 되어 있는 존재 정도로만 읽혔다. 그러나 그냥 이 정도로 넘길 시가 아니었다. 도대체 우리들이 떠나 버린 그 자리, 그 시간 동안 성명진에게 어떤 일이 일어났던 것일까. 서정적인 면에서는 여전히 낯익은,

그렇지만 시세계는 완전히 낯선, 이 일을 어떻게 설명해야 할까.

  이번 시집에서 내가 본 것은 하나의 거대한 식물적 풍경이다. 감상 따위나 하라고 그려진 풍경이 아니다. 밝음과 어둠, 열매와 뿌리, 빈한함과 풍족함, 부처와 중생, 늙음과 젊음, 삶과 죽음. 서로 대극적인 이것들이 결국은 한 몸이라는 것을 증명하는 우주적 풍경이다. 시인의 시야가 이렇게 넓어져 버렸으니, 일상 꽁다리나 잡고 사는 내게 「싹과 뿌리」가 제대로 읽혔을 리가 없다. 나의 어리석은 오독을 가르쳐 준 시가 이 시집의 표제이기도 한 「그 순간」이다.

    뱀이 숟가락 모양의 대가리로
    새 새끼를 무는 그 순간

    어디서는 아이가 기다랗게 똥을 누었는데
    똥이 부처님 모양으로 앉아 있었다 또 어디서는

    콩벌레가 콩처럼 숨어 큰 짐승이 지나길 기다리고 있었다
    한 어미 개가 새끼를 나면서 죽어 가고도 있었다

하늘이 잠시 잠깐 퍽 환한 빛을 드리웠는데
아무도 알지 못했다
다만 삶에 애쓸 뿐 알 것 없었다

  세상에 살아 있는 모든 것들을 움직이는 원리와 그것의 정체가 어떻게 이렇듯 한 장면으로 압축될 수 있을까. 일상에 코를 처박거나 거대 이념이나 씹어 대는 자들에게는 소소하다 못해 눈에 띄지도 않을 것 같은, 뱀이나 새 새끼 따위, 아이의 똥 따위, 콩벌레 따위, 어미 개 따위에게서 어떻게 시인은 우주의 비밀을 봐 버린 것일까. 산다는 것이 원체 얄짤없다는 것을, 생존의 다른 이름이 곧 공포라는 것을, 똥 속에 부처가 있다는 것을, 삶의 경이로움이 비장한 죽음과 맞물려 있음을…. 그리고 소소한 것들이 보여주는 이 장면이 사실은 우리 삶의 본질이라는 것을 말이다.
  그렇다면 얄짤없는 삶을, 공포를, 똥을, 죽음을 왜 견뎌야 하며, 그 견디는 힘은 어디에서 비롯되는가. 아직은 지켜야 될, 그래서 세상에 섣불리 들켜서는 안 될, 때문에 깊고 어두운 어딘가에 숨겨 놓은, 환하고 환한 불빛 하나 때문이다. 목숨을 내놓아야만 세상에 드러낼 수 있는 그 환한 빛.

> 어느 시골집 가서 보았다
> 한 노인이 닭을 잡아 속을 가르자
> 거기 있던
> 환하고 환한 것
>
> 그날부터 그렇다
> 살아 있는 어떤 것들에게선
> 불빛이 비치는 거다
>
> – 「알」 전문

 시인에게 이 불빛은 '씨앗'으로 총칭된다. 이 씨앗 하나를 지키기 위해 숲 속의 모든 잎들과 짚들은 똥오줌 범벅되어 두엄으로 썩기를 마다하지 않고(「두엄」), 나무는 "새끼를 품은 짐승의 흰 등"을 만들면서도 "생 전체를 다 모아 제 열매를" 보호하며(「나뭇가지 하나」, 「어느 늦은 날」), 어미가, 오빠가, 아비가 겹겹이 둘러싼 채 기꺼이 "어린 것의 숨을 지키는 바깥이 되어"(「겹겹」)준다. 그리고 목련나무는 앙상한 가지를 털어 "환한 밥덩이"를 내놓고(「목련꽃」), 할매는 가난한 살림살이를 열어 이 어린 것들을 먹인다.

    문이 열려 있었는지 부엌 안으로
    박새 하나가 부리나케 들어왔다
    다음 날에 또 들어와 숨을 할딱였다

    할매는 눈길도 주지 않고
    한 입 소리도 내지 않고
    저번 때처럼 부러 문을 열어 둔 채 부엌을 나갔다

    가난한 부엌 살림살이가 밖에 비쳐나는 동안
    낮 끼니가 가만히 들고 났다

    그날 오후 늦은 녘에 새는 또 왔다
    짐짓 모르는 척해 주는 할매가 미더워
    그 슬하에 참아 왔던 알을 낳았다

–「다정」 전문

  이쯤 되면 두엄도, 나무도, 어미도, 오빠도, 아비도, 할매도 그저 그런 이름들로 불릴 것들이 아니다. 각기 다른 얼굴을 가진 우주적 어미 아비들이다. 하루의 **뼈**

근한 노동을 풀어 주는 국숫집의 김도(「국숫집」), 착한 이를 위해 조촐한 밥을 올리는 밥상다리도(「밥상다리」), 여린 목 들고 올라오는 냉이싹을 보고 멈칫거리는 봄눈도(「봄눈」), 돌부처 하나 안기 위해 몸 한 번 시원하게 틀어 눕지 못하는 무등산(「무등산」)까지도 그렇다. 행여 누가 알까, 더 깊고 어두운 곳을 찾아, 조용조용히, 스스로 썩고, 스스로 밥이 되어 우주의 씨앗을 지키고 먹이는 부모들이다. 이 위대한 노고를 감내하는 것은, 이렇게 필사적으로 겹겹이 지키다 보면, 그렇게 지키다 등이 휘고 부러지다 보면, 기어이 썩어 밥이 되다 보면, 언젠가는 이놈들이 튼튼한 뿌리를 가진 나무가 되고, 꽃과 열매로 "그 집 식구들 배를 불려 놓고는/ 알몸의 아이가 되어" 다시 씨앗으로 태어나러 돌아와 주리라는 것을(「밭 일구는 여자」) 알기 때문이다.

그래서 「싹과 뿌리」의 아버지가 그냥 아버지가 아니듯, 이삿짐 용달차를 끄는 '길수'(「길수의 용달차를 타고」)나 동네빵집 '영미 아빠'(「영미네 빵집」) 또한 그저 무심히 지나칠 일이 아니다. 이들이 "숨은 길들을 찾아 애써 살아가면서도" 환한 웃음을 날릴 수 있는 것은, 휘청거리면서도 춤을 출 수 있는 것은, 생생하게 부풀어 오르는 씨앗, 그 "놀라운 반죽덩어리"를 갖고 있기 때문이다. "환한 희망"을 안고 있기 때문이다. 그렇기에 이렇듯 "환하고 환한 것, 살아 있는 어떤 것들에선 불빛이 비치는 거다."

 비록 보이지 않을 만큼 소소하고, 미약하고, 앙상하고, 가난하지만, 세상의 살아 있는 모든 것들이 부모가 되는, 강력한 백그라운드를 가졌으니, 어린 것들 발랄함이야 말해 무엇할까. 그런데 이 발랄함이 심상치 않다.

> 툭하면 넘어져 굴러선
> 가운데로 몰리죠 머잖아 태어나게 될 우리들은
> 가난하고 쬐그만 장난꾸러기 아이들이죠
> 그렇지만 총명해요
> 삶에 대해 쥐눈처럼 두려워하다가도
> 부러 삶을 외면한 채 떠들며 놀죠
> 그제쯤도 오늘로 살고
> 글피쯤도 오늘로 살고
> 하루를 동그랗게 키워 재밌게 놀면 그러지 않겠어요?
> 삶이 무상한 척 못하지 않겠어요?
> 우리들의 깊은 방에 어느 신이 와서

삶에 대해 엄하게 일러 주는 동안에도
듣는 척만 하고 몰래 장난을 치죠
철모르는 것들이 되어 쉬 설레고
열심히 먹고 자고 노는 거죠
그래야 이윽고 만나게 될 삶이
괜히 심각한 척 못하지 않겠어요?

─「사과 씨들」 전문

  몸도 가누지 못해 툭하면 넘어지고 구르지만, 세상에 대해 쥐눈이처럼 두렵기도 하지만, 그래도 상관없다. 약함을 넘어설 만큼 총명하고, 두려움 따위는 문제도 안 될 만큼 노는 것이 즐겁기 때문이다. 그렇게 장난치듯 그제쯤도 오늘로 살고 글피쯤도 오늘로 살다 보면, 하루를 동그랗게 키워 가며 재밌게 놀다 보면, 열심히 먹고 자고 떠들다 보면, 그렇게 건강한 힘을 키우다 보면, 앞으로 만나게 될 세상에서 결코 무상한 척 허물어지지도, 심각한 척 짓눌리지도 않게 되리라. 우리, 어린 것들의 발랄함이 곧 죽음 같은 세상을 돌파하는 비장의 무기가 되리라. 그리하여 언젠가는 세상에 살아 있는 모든 것들을 어린 씨앗으로 뒤덮으리라.

풀들도 길을 떠나는군요 마을 앞 길섶에 나란히 줄지어 서서 어디로들 가고 있을까요

　풀들이 올핸 강을 건넜어요 늦은 가을이면 한 발 앞에 씨앗을 던져 놓고 몸뚱이를 거두어 돌아간 뒤 언 땅 속을 걸어 다음 해 그 자리에 싹 틔우고 또 한 발 앞에 씨앗을 던져 다다음 해엔 그 너머 자리에 싹 틔우고, 이렇게 한 해에 한 발이라도 내딛으며 강을 건너고 산을 넘는 것 아니겠습니까 이 줄이 길어 갈수록 제 그리움은 마냥 짙어집니다

　바람도 알지 못하고 눈발도 보지 못하는 이들의 조용한 숨소리 발소리. 오늘의 자리를 떠나 이 질긴 대열이 찾아가는 곳은 어디일까요 작은 것들이 모가지 휘청거리며 나아가는 모습이 눈 시리게 고운 때문일까요 그래요 내내 버려둔 제 속엔 지금 꿈틀꿈틀 꿈이 일고 있어요

　이 풀들의 모가지 위에 가만가만 꽃잎으로 피어나고 싶어요 희디흰 꽃잎이 되어 죽음까지도 넘을 씨앗들을 이뤄 놓고 싶습니다 휘청일 때마다 춤도 추고요

— 「질경이」 전문

부모를 닮은 그 어린 것들이 조용히, 조용히, 숨소리

발소리 죽여 가며 대열을 이뤄 강을 건너고 산을 넘어, 종국에는 죽음까지도 넘을 씨앗들을 남겨 흩날리는, 이 가슴 벅찬 풍경. 지금도 어디선가 이 작은 것들이 모가지 휘청거리며 꿈틀꿈틀 나아가고 있을 것이다. 시인 또한 이 길을 따라 꽃춤을 추며 흔들리고 있을 것이다.

  지난 시간, 내가 공부랍시고 남이 써 놓은 글자들이나 훑으며 살아오는 동안, 아무래도 이 친구는 세상 전체를 책 삼아 공부한 듯싶다. 공부가 이리 넓으니, 짧은 발문 쓰는 것도 벅찰 수밖에 없다. 그래 놓곤 짐짓 시인 자신은 이를 '해탈 아닌, 해찰'이라 한다. 해탈이면 어떻고 해찰이면 어떠랴. 이리 "즐거운 해찰"이라면, 수행이 "계속 도로아미타불"이어도 좋겠다. 덕분에 시인의 시를 따라가며 나 또한 "무심결에 금강경 한 장", 족히 넘기고 말았으니 손해 본 건 없다.

  3

  생각해 보면, 우리도 어린 것들인 적이 있었던 것 같다. 그 시절, 한바탕 잘 놀았던 것 같기도 하다. 어떻든

매주 지옥 같은 시평 시간이, 그리고 더 지랄 맞은 시절이 우리를 고통스럽게 했지만, 그럼에도 뺀들거리며 잘 놀았던 것 같다. 수업은 빼먹어도 결코 출석을 포기하지 않았던 상대 뒤 '희망집', 곰팡이 찌든 낡은 벽지에 잔뜩 낙서를 휘갈겨 놓곤 킬킬거리며 막걸리를 퍼마시던 우리들 정신의 처소. 연초에 들려오곤 하던 선배들의 신춘문예 당선 소식도 기뻤지만, 두꺼운 외상장부를 청산해 줄 상금 때문에 더 신났던 악랄한 후배들. 시골서 올려 보낸 한 달 양식을 홀라당 삼켜 버린 것도 모자라 제 집인 양 들고났던 동기들의 자취방. 허구한 날 뙤약볕 밑에서 돌을 깨 허공에 날렸던 정문 앞. 그리고 다시 막걸리 마시러 희망집으로 출근.

  어린 기억은 이리 손에 잡힐 듯 생생한데, 어느 샌가 우린, 술집보다는 찻집이 더 편해져 버린 나이가 돼 버렸다. 세상과 한판 제대로 붙어 보자던 배짱은 이미 온데간데없고, 막걸리 잔 대신 차 한 잔 앞에 놓고 의사의 싸가지까지 들먹거리며 병원 정보나 교환하는 이빨 빠진 종이호랑이만 남았다. 세상은 우리들이 한국사회를 말아먹었다며 온갖 비아냥거림과 야유를 던지는 데도, 우리도 어느 땐가 분명 '언 땅속을 걸어, 강을 건너고 산을 넘은 것' 같기도 했다고, '씨앗 하나를 한 발 앞에 던져 놓은 것' 같기도 했다며 대거리를 해 볼 뿐, 씨알도 안 먹힐 거라는 걸 이미 알고 있다. '같기도'는 그냥 '같기도'일 뿐인 것이다. 이제는 삶에 대한 염치도 없어져 버린 나이에, '같기도'는 죽은 자식 불알 만지기다.

  근데 어쩐 일인지 성명진은 여전히 아프단다. 열아홉 살 그 모양, 그대로 아프단다. "한 끼 분인 밥그릇"의 깊이도 "발을 헛디뎌 넘어질 만한 함정"으로 보일 만큼 정신을 가다듬는 데도, 가득히 몰려오는 밤바다에도 멀미가 나고, 무화과꽃 아래서도 여지없이 울음덩이를 쏟아 낸단다. "그의 슬픔, 그의 희망, 그의 노래"가 아직도 아프단다.

    주저앉아 아픈 자리 바라본다
    가슴을 기울인다

    낮은 끝자리에 누가 꿇어앉아 있다
    참 작은 사람,
    그가 지금 아프다

    아니다 그는 안 아프고
    언저리가 아프다

그의 슬픔이

　　그의 희망이

　　그의 노래가 아프다

　　그를 한 번 더 찬찬히 바라본다

　　나인가

　　　　　　　　　　　　– 「다친 새끼발톱」 부분

　이 어린 민낯을 그대로 드러낸 채, 이렇듯 우리들 앞에 서면 어쩌란 말이냐. 다신 팽팽해질 수 없는 버석한 고무줄 신세가 돼 버린 나이, 부끄러움을 희망하는 것조차 어정쩡해진 우리들에게 도대체 무얼 말하고 싶은 것이냐. 시집과 함께 건너온, "손에 받아든 씨가 무겁다." 어렵사리 넘긴 금강경 한 장을 다시 되돌려야 하나, 무거운 씨앗 하나를 이 헐거운 나이에 다시 품어야 하나. 잔뜩이나 갱년기에 퍽이나 잘도 품을 수나 있을라나?

성명진

1990년 〈전남일보〉 신춘문예 시 당선. 1993년 『현대문학』 시 추천. 2011년 동시집 『축구부에 들고 싶다』 발간.

e-mail andsmj@hanmail.net

문학들 시선 026
그 순간

초판1쇄 찍은 날 | 2014년 9월 13일
초판2쇄 펴낸 날 | 2015년 12월 10일

지은이 | 성명진
펴낸이 | 송광룡
펴낸곳 | 문학들
등록 | 2005년 8월 24일 제2005 1-2호
주소 | 501-841 광주광역시 동구 천변우로 487(학동)2층
전화 | 062-651-6968
팩스 | 062-651-9690
전자우편 | munhakdle@hanmail.net

ⓒ 성명진 2014
ISBN 978-89-92680-86-8   03810

· 잘못된 책은 바꿔드립니다.
· 이 책 내용의 전부 또는 일부를 재사용하려면
반드시 저작권자와 문학들의 동의를 받아야 합니다.
· 책값은 뒤표지에 표시되어 있습니다.
· 이 책은 한국문화예술위원회 문예진흥기금을
지원 받아 발간되었습니다.